DENIS KOLESNIKOV

Das UKRAINE Kochbuch

DENIS KOLESNIKOV

Das UKRAINE Kochbuch

Traditionelle und moderne Rezepte von Borschtsch über Schaschlik bis Warenyky

riva

Inhaltsverzeichnis

Vorwort ... 9
Vorwort des Autors ... 11

Vorspeisen und Kleinigkeiten 15

Auberginenaufstrich ... 18
Heringsaufstrich ... 20
Hausgemachtes Brot ... 22
Gehackter Speck als Brotaufstrich ... 24
Würzpaste ... 26
Kalte Rote-Bete-Suppe ... 28
Steinpilzcremesuppe ... 30
Bohnensalat ... 32
Salzgurken ... 34
Deftiges Gebäck nach Kyiver Art ... 36

Deftige Hauptspeisen 41

Maultaschen mit Fleischfüllung ... 44
Borschtsch ... 46
Polenta mit Schafskäse und Speck ... 48
Kartoffelknödel mit Waldpilzfüllung ... 50
Schaschlik aus Kalbskotelett ... 52
Tatarischer Lammeintopf ... 54
Blätterteigecken mit Rindfleischfüllung ... 56
Fleischkuchen ... 58
Geschmortes Weißkraut mit geräucherten Spareribs ... 60
Kartoffelküchle mit Kraut-Pilz-Füllung ... 62

Rind-Hirse-Eintopf nach Kozaken-Art 64
Lammpilav 66
Hähnchenschnitzel nach Kyiver Art 68
Pfannkuchen mit Hackfleischfüllung 72
Rinderrouladen mit Backpflaumen und Speck 74
Borschtsch-Burger 76

Getränke, Schnaps und Liköre 81

Estragonlimonade 84
Moosbeerenlikör 86
Meerrettichschnaps 88
Ukrainisches Erfrischungsgetränk 90

Süßes, Gebäck und Torten 95

Quarkküchle 98
Maultaschen mit Kirschen 100
Quark-Grieß-Kuchen 102
Quarknockerl 104
Kürbis-Milchreis 106
Napoleon-Torte 108
Apfelkuchen mit hausgemachtem Eierlikör 110
Teigtaschen mit getrockneten Aprikosen, Mohn und Haselnüssen 112
Honigtorte 114
Käsekuchen nach Lviv-Art 116

Über den Autor 121
Zutatenregister 122

Сушка
з печі

Vorwort

Liebe Leserin, lieber Leser,

Sie halten ein Buch in der Hand, dessen wunderbares Ziel es ist, Ihnen nicht nur viele schmackhafte Klassiker der ukrainischen Küche vorzustellen, sondern darüber hinaus unser Heimatland näherzubringen. Kurze, inhaltsreiche Texte mit nostalgischen und farbenfrohen Bildern begleiten die appetitlichen Rezepte und laden Sie zu einer kulinarischen Reise durch unser wunderschönes Land ein.

Traditionell wurden die typischen ukrainischen Gerichte in einem Holzofen gekocht, geschmort oder gebacken. In den kälteren Jahreszeiten nutzte man den Ofen auch zum Beheizen des Hauses. Neben dem Ofen stand ein großer Tisch, an dem alle Mitglieder der großen ukrainischen Familien und ihre Gäste Platz fanden, um aus handgefertigtem, bemaltem Tongeschirr zu speisen. Um in der heißen Sommerzeit die Hitze im Haus zu reduzieren, hatte man im Garten eine »Sommerküche«.

Das Klima und die Schwarzerde sind der Schatz der Ukraine. Sie schaffen die besten Bedingungen für die Landwirtschaft, für die Pflanzen- und Tierzucht. Bereits im Mittelalter durften Fleischspezialitäten in unterschiedlichsten Variationen bei keinem Festmahl fehlen.

Brot war über längere Zeit das allerwichtigste Lebensmittel quer durch alle Schichten der Gesellschaft. Duftende, frische Brotlaibe auf dem Tisch waren ein Zeichen des Wohlstandes. Ein Glas frische Milch mit einem Stück Brot war für die einfachen Menschen eine ganze Mahlzeit. Wenn die Bauern auf das Feld gingen, nahmen sie in einem geschnürten Bündel ein Stück Brot, Zwiebeln und Eier als Brotzeit mit.

Die ersten ukrainischen Berufsköche gab es im Kyiver Höhlenkloster und sie waren für die sechs ukrainischen Fürsten tätig.

In der zweiten Hälfte des 18. Jahrhunderts gelangten in die Ukraine Kartoffeln, die damals »Erdäpfel« hießen. Sie wurden schnell zu einem der wichtigsten Lebensmittel im Lande. Kartoffeln findet man heute in jedem ukrainischen Eintopf.

Aus der orientalischen Küche wurden einige Vorgänge übernommen, wie zum Beispiel das scharfe Anbraten in heißem Öl.

Ich lade Sie herzlich ein, unser malerisches Land mit seinen schönen Städten und Ortschaften zu besuchen, wenn es wieder möglich sein wird, sowie die Gastfreundschaft seiner Bewohner kennenzulernen. Sie werden sehen, wie schnell Freundschaften geschlossen werden, und ich bin mir sicher, Sie werden sich nicht nur in die ukrainische Küche, sondern auch in Land und Leute verlieben.

Nun wünsche ich Ihnen viel Spaß beim Kochen und Backen der schmackhaften ukrainischen Gerichte und einen guten Appetit!

Смачного!

Ihr Vadym Kostiuk
Generalkonsul der Ukraine in Frankfurt

Vorwort des Autors

Bereits in der ersten Ausgabe des Kochbuchs *Ukraine kocht* im Jahr 2016 habe ich mit Unterstützung namhafter Küchenchefs die bekanntesten Rezepte der ukrainischen Küche präsentiert. Der Hintergrund der Herausgabe dieses ersten Kochbuchs war der Wunsch, die Geflüchteten finanziell zu unterstützen: 30 Prozent des Erlöses gingen damals an die aus dem besetzten Donbas-Gebiet geflohenen Bedürftigen.

Wir schreiben das Jahr 2022. Ein Jahr des zweiten Krieges für die Ukraine. Millionen Menschen befinden sich auf der Flucht ... Wir wollen helfen und Sie, die Sie dieses Buch in den Händen halten, helfen mit: Die Erlöse spenden wir auch diesmal an bedürftige Geflohene aus der Ukraine. Wir werden diesen Menschen weder Heimat noch Heim ersetzen können, wir können ihnen aber helfen, hier in Deutschland – in der Sicherheit – Fuß zu fassen.

Ich stamme selbst aus der Ukraine und lebe nun seit vielen Jahren in Deutschland. Hier habe ich eine Ausbildung zum Koch gemacht und bereits in einigen Küchen Erfahrungen gesammelt. Die ukrainische Küche liegt mir sehr am Herzen und ich freue mich, Ihnen nun in der zweiten Ausgabe *Das Ukraine-Kochbuch* die moderne und auch klassische Vielfalt der ukrainischen Küche vorstellen zu dürfen. Viel Spaß beim Kochen!

Ihnen und Ihren Gästen wünsche ich:

Guten Appetit!

Smatschnoho!

Ihr Denis Kolesnikov

Karpaten

Vorspeisen und Kleinigkeiten

Auberginenaufstrich

»Ikra z baklaganiv«
(Ікра з баклажанів)

Zutaten für 4 Portionen

1 Aubergine

1 Paprika

1 Tomate

1 Zwiebel

Öl (Oliven-, Sonnen- oder Rapsöl)

Petersilie oder Koriander

1 Knoblauchzehe

Zitronensaft

Salz, Pfeffer

1. Backofen auf 240 °C Umluft vorheizen.
2. Gemüse gründlich waschen.
3. Aubergine im Ganzen ca. 10 Minuten im Ofen backen.
4. Paprika hinzufügen und beides weitere 10 Minuten backen.
5. Tomate über Kreuz einritzen, mit kochendem Wasser ca. 30 Sekunden überbrühen, danach in kaltem Wasser abschrecken und häuten.
6. Gemüse abkühlen lassen.
7. In der Zwischenzeit Knoblauch, Zwiebel und Kräuter schneiden – je feiner, desto besser.
8. Aubergine vorsichtig halbieren und das Fruchtfleisch mit einem Löffel herausnehmen. Paprikahaut mit einem Messer abziehen. Aubergine, Tomate und Paprika in 0,5 cm große Würfel schneiden.
9. Restliche Zutaten daruntermischen und mit Zitronensaft, Salz und Pfeffer abschmecken.
10. Auberginenaufstrich mit geröstetem Brot servieren.

Heringsaufstrich

»Vorschmack«
(Форшмак)

Zutaten für 4 Portionen

1 Apfel (am besten Granny Smith)

1 Zwiebel

5 Scheiben Toastbrot ohne Rinde

2 Heringsfilets (ca. 400 g)

100 ml Milch

100 g Butter (vorher bei Zimmertemperatur weich werden lassen)

½ Zitrone

Salz

Pfeffer

1. Zwiebeln und Äpfel schälen.
2. Toastbrot in kalter Milch einweichen.
3. Alle Zutaten mithilfe eines Fleischwolfs oder einer Küchenmaschine zerkleinern. Mit Zitronensaft, Salz und Pfeffer abschmecken.
4. Vorschmack für 20–30 Minuten in den Kühlschrank stellen. Danach am besten mit Schwarzbrot, Tomaten und Lauchzwiebeln servieren.

Hausgemachtes Brot

»Domaschniy hlib«
(Домашній хліб)

Zutaten für 4 Portionen

400 g Mehl, Type 405

100 g Vollkornmehl

1 TL Salz

150 g lauwarmes Wasser

30 g frische Hefe

½ TL Zucker

1. Mehl in einer großen Schüssel mit Salz vermischen. Im lauwarmen Wasser Hefe und Zucker verrühren, 5 Minuten stehen lassen, dann langsam zum Mehl geben. Zu einem Teig kneten.
2. Die Schüssel mit einem Küchentuch abdecken und den Teig ca. 90 Minuten an einem warmen Ort gehen lassen.
3. Backofen auf 200 °C Umluft vorheizen.
4. Arbeitsfläche bemehlen und den aufgegangenen Teig 3–4 Minuten kneten. Teig zu einem Laib formen. Backblech mit Backpapier auslegen und den Brotlaib darauf legen.
5. Backblech in den Ofen schieben und die Temperatur auf 160 °C herunterschalten. Das Brot ca. 60 Minuten backen und danach abkühlen lassen.

Gehackter Speck als Brotaufstrich

»Krutschene Salo« (Кручене сало)

Zutaten für 4 Portionen

- 200 g roher Bauchspeck
- Salz
- Pfeffer oder Cayennepfeffer
- Paprikapulver
- 1 Zehe Knoblauch
- frische Kräuter (Schnittlauch, Bärlauch oder Dill) zum Garnieren
- Schwarzbrot

1. Bauchspeck durch den Fleischwolf drehen oder beim Metzger entsprechend bestellen.
2. Knoblauch pressen. Kräuter klein schneiden.
3. Knoblauch und Gewürze zum gehackten Speck hinzufügen und alles mit der Hand kneten, bis eine homogene Masse entsteht. Nochmals abschmecken.
4. Aufstrich mit frisch gehackten Kräutern garnieren und mit Brot servieren.

Würzpaste

»Adjika«
(Суха аджика)

Zutaten für 4 Portionen

- 50 g Knoblauch
- 100 g getrocknete Chili
- 50 g frische Chili
- 120 g Salz
- 10 g getrockneter Koriander
- 10 g Kreuzkümmel

1. Knoblauch und Chili fein schneiden und zusammen mit den anderen Zutaten in einem Mörser zu einer glatten Paste verarbeiten.
2. Fertige Würzpaste in ein Glas füllen und im Kühlschrank aufbewahren.

Tipp:
Dank des hohen Salzgehalts hält die Paste bei richtiger Aufbewahrung einige Tage. Sie wird gerne zu Fleischgerichten serviert, z.B. zu Schaschlik (Rezept siehe Seite 52), oder einer Brühe beigefügt.

Kalte Rote-Bete-Suppe

»Cholodnyk«
(Холодник)

Zutaten für 4 Portionen

- 1 gekochte Rote Bete
- 2 gekochte Eier
- 1 Gurke
- 100 g gekochte Zunge oder Lyoner Wurst
- 200 g Schmand
- Senf (nach Geschmack)
- Zitronensaft (nach Geschmack)
- Salz
- 500 ml Mineralwasser
- 1 Bund Lauchzwiebeln
- 1 Bund Dill

1. Rote Bete, Gurke, Wurst und Eiweiß in Streifen schneiden.
2. Gekochtes Eigelb mit der Gabel zerdrücken und mit Schmand, Senf und Zitronensaft verrühren.
3. Restliche Zutaten hinzufügen und mit Mineralwasser aufgießen.
4. Kalte Suppe mindestens für 30 Minuten kalt stellen.
5. Cholodnyk mit fein geschnittenem Dill und Lauchzwiebeln servieren.

Steinpilzcremesuppe

»Grybnyy sup z bilymy grybamy«
(Грибний суп з білими грибами)

Zutaten für 4 Portionen

300 g Steinpilze

300 g Champignons

1 Karotte

1 Zwiebel

2 Kartoffeln

200 g Schlagsahne

1 EL Butterschmalz

Salz

Pfeffer

1. Pilze säubern. Karotten, Zwiebeln und Kartoffeln schälen. Alles in große Stücke schneiden.
2. Karotten, Zwiebeln und Kartoffeln in einem Topf mit etwas Butterschmalz goldbraun anschwitzen. Mit Wasser aufgießen, sodass das Gemüse knapp bedeckt ist, und ca. 30 Minuten weich kochen.
3. Pilze hinzufügen, würzen und weitere 10 Minuten kochen.
4. Schlagsahne zur Suppe am besten geben und die Suppe pürieren. Zum Servieren in tiefe Teller geben.

Tipp:
Die Suppe am besten mit Weißbrotcroûtons und einem kleinen Klecks Sahne anrichten.

Bohnensalat

»Lobio«
(Лобіо)

Zutaten für 4 Portionen

- 50 g Zwiebeln
- 1 Knoblauchzehe
- 25 g Pflanzenöl
- 250 g Kidneybohnen (Dose)
- Bohnenkraut
- Chili
- Koriander und Petersilie, frisch
- Salz
- Lorbeerblatt

1. Zwiebeln und Knoblauch in feine Würfel schneiden. In einem Topf in erhitztem Pflanzenöl farblos anschwitzen.
2. Bohnenkraut, Chili und Kräuter fein schneiden.
3. Bohnen samt Flüssigkeit aus der Dose in den Topf geben. Alle restlichen Zutaten hinzufügen und ca. 10–15 Minuten köcheln lassen.
4. Nochmals abschmecken, das Lorbeerblatt herausnehmen und lauwarm servieren.

Tipp:
Falls Sie für dieses Gericht getrocknete Kidneybohnen nehmen möchten: Bohnen mit Wasser ca. 90 Minuten weich kochen, danach würzen und, wie oben beschrieben, lauwarm servieren.

Salzgurken

»Soloni ogirky«
(Солоні огірки)

Zutaten für 4 Portionen

- 1,5 kg Einlegegurken
- 2 Knoblauchzehen
- 1 Bund Dill
- ½ EL Salz
- 1 Plastikbeutel (Frischhalte- oder Gefrierbeutel mittlerer Größe)

1. Einlegegurken gründlich waschen und beide Enden abschneiden. Knoblauchzehen schälen.
2. Gurken, Knoblauchzehen, Salz und Dill in einen Plastikbeutel legen. Den Beutel verschließen und den Inhalt mehrmals schütteln.
3. Wenn die Zutaten gut vermischt sind, den Beutel für 2–3 Stunden in den Kühlschrank legen. Fertig!

Salzgurken gehören zu den Klassikern der ukrainischen Küche. Heutzutage verbringt man eher nicht mehr so viel Zeit in der Küche und bevorzugt oftmals schnelle und einfache Rezepte.

Deftiges Gebäck nach Kyiver Art

»Kyivska perepitschka« (Київська перепічка)

Zutaten für 4 Portionen

- 400 g Mehl
- ca. 150 ml warmes Wasser
- 1 Pck. Hefe
- 1 Pck. Backpulver
- Salz
- 4 Würstchen (rote, gebrüht)
- 300 ml Pflanzenöl zum Frittieren

1. In einer Schüssel Mehl mit trockener Hefe, Salz und Backpulver vermischen. Warmes Wasser langsam hinzufügen und Inhalt der Schüssel zu einem Teig verkneten. Schüssel mit einem Tuch bedecken und für mindestens 30 Minuten an einem warmen Ort gehen lassen.
2. Den Teig auf eine bemehlte Arbeitsfläche geben und in 4 Portionen teilen. Jeweils ein Würstchen in die Mitte geben und einwickeln.
3. In einem Topf oder einer Fritteuse Pflanzenöl auf 170 °C erhitzen und Würstchen ca. 7 Minuten lang frittieren.
4. Auf Küchenkrepp abtropfen lassen und warm servieren.

»Kyivska perepitschka« gehört zu den kulinarischen Markenzeichen von Kyiv. In der Bogdana-Khmelnytskogo-Straße gibt es einen kleinen Kiosk, in dem Gebäck nach Kyiver Art zum Mitnehmen verkauft wird. Das ist wahrscheinlich der einzige Kiosk der Stadt, vor dem den ganzen Tag lang eine Menschenschlange ansteht. Das Rezept wird von dem Kioskbetreiber seit Jahrzehnten geheim gehalten. Da ich als Kind diese unheimlich leckeren Würstchen im Hefeteigmantel sehr gerne gegessen habe, habe ich mir später vorgenommen, das Rezept nachzumachen. Dies ist meine Variante.

Kyiv

Deftige Hauptspeisen

Maultaschen mit Fleischfüllung

»Warenyky z miasom« (Вареники з м'ясом)

Zutaten für 4 Portionen

Für den Teig:

500 g Mehl

300 ml Kefir

1 Ei

½ TL Salz

½ TL Backpulver

Für die Fleischfüllung:

1 Zwiebel

1 Karotte

¼ Staudensellerie

200 g Rinderhackfleisch

200 g Schweinehackfleisch

Salz, Pfeffer

1 EL Pflanzenfett

150 ml Wasser

1 kleine Zwiebel

1 EL Butter

Sauerrahm zum Servieren

1. Zwiebel, Staudensellerie und Karotte in feine Würfel schneiden.
2. In einem Topf Pflanzenfett erhitzen. Hackfleisch und Gemüse darin anbraten. Salzen, danach Wasser hinzufügen und bei geschlossenem Deckel ca. 1 Stunde schmoren.
3. Alle Zutaten für den Teig in einer Schüssel vermischen. Den Teig bitte nicht zu lange kneten. Danach ca. 20 Minuten im Kühlschrank ruhen lassen.
4. Den Teig dünn ausrollen und mithilfe eines Glases Kreise ausstechen. Fleischfüllung auf die Teigkreise verteilen und zu Halbmonden kleben.
5. Zwiebel in Ringe schneiden und in Butter anschwitzen.
6. Warenyky mit den Zwiebeln und Sauerrahm servieren.

Tipp: Am besten schmecken Warenyky, wenn sie in einem Dampfgarer gedämpft werden. Die Zubereitungszeit verkürzt sich dabei auf nur 6 Minuten.

Borschtsch

»Borsch«
(Борщ)

Zutaten für 4 Portionen

- 500 g Rindfleisch (Suppenfleisch)
- 2 Kartoffeln
- Lorbeerblatt
- 2 Rote Bete
- 1 Karotte
- 1 Paprika
- ¼ Kopf Weißkraut
- 1 Zwiebel
- 2 EL Sonnenblumenöl
- Apfelessig
- 500 ml passierte Tomaten
- 100 g Speck
- 1 Knoblauchzehe
- Salz
- Pfeffer
- Zucker
- Schmand
- Dill, Petersilie oder Schnittlauch

1. Rindfleisch und Kartoffeln in 1,5 cm große Würfel schneiden. Fleisch im Salzwasser mit einem Lorbeerblatt ca. 2 Stunden kochen.
2. Rote Bete, Karotten, Paprika, Weißkraut und Zwiebeln in Streifen schneiden.
3. In einer Pfanne mit etwas erhitztem Sonnenblumenöl Zwiebeln, Karotten und Paprika anbraten und in den Topf zum Fleisch geben.
4. Rote Bete genauso in der Pfanne ca. 2 Minuten anbraten. Mit 2 EL Essig ablöschen und weitere 2 Minuten Essig ausdämpfen lassen. Passierte Tomaten hinzufügen, ca. 15 Minuten köcheln lassen, danach den Inhalt der Pfanne in den Topf geben.
5. Speck und Knoblauch klein schneiden.
6. Weißkraut, Kartoffeln, Speck und Knoblauch in den Topf geben und weitere 30 Minuten kochen. Mit Salz, Zucker und Pfeffer abschmecken.
7. Mit Schmand und gehackten Kräutern servieren.

Polenta mit Schafskäse und Speck

»Banosch Zakarpatsky«
(Банош закарпатський)

Zutaten für 4 Portionen

- 750 g Schmand
- 250 g Wasser
- 1 Prise Salz
- 250 g Maispolenta
- 100 g Speck
- 1 Zwiebel
- 150 g Schafskäse

1. Schmand mit Wasser verrühren und zum Kochen bringen. Etwas Salz hinzufügen.
2. In den kochenden Sud Polenta mithilfe eines Schneebesens langsam einstreuen. Unter ständigem Rühren bei kleiner Hitze ca. 20 Minuten köcheln lassen.
3. Gewürfelten Speck und fein geschnittene Zwiebel in einer Pfanne anbraten.
4. Die Speck-Zwiebeln warm auf die fertige Polenta geben und den Schafskäse darüber zerbröseln.

Tipp:
Nach Wunsch kann man auch Pilze hinzufügen.

Kartoffelknödel mit Waldpilzfüllung

»Knedli Guzulski«
(Кнедлики гуцульські)

Zutaten für 4 Portionen

- 100 g Waldpilze
- Sonnenblumenöl
- 1 Zwiebel, in Würfel geschnitten
- 3 gekochte Kartoffeln
- 1 rohe Kartoffel
- 1 Ei
- 3 EL Mehl
- Salz
- 100 g Speck

1. Waldpilze säubern und mit etwas Sonnenblumenöl in vorgeheizter Pfanne anbraten. Zwiebelwürfel dazugeben und bei niedriger Temperatur kurz garen.
2. Gekochte Kartoffeln grob reiben. Die rohe Kartoffel ebenso grob reiben, die Flüssigkeit der Kartoffel abgießen.
3. Ei, Mehl und Salz zu den geriebenen Kartoffeln hinzufügen. Aus dem Teig Kugeln formen.
4. Mit dem Daumen in der Mitte der Kugeln eine Mulde eindrücken. Die Kugeln mit der Pilz-Zwiebel-Masse füllen und mittelgroße Knödel formen.
5. Knödel in siedendem Salzwasser 15 Minuten ziehen lassen.
6. Speck in Würfeln schneiden und anbraten.
7. Fertige Knödel auf einem Teller anrichten. Speck darauf verteilen.

Schaschlik aus Kalbskotelett

»Schaschlyk z teliatyny«
(Шашлик з телятини)

Zutaten für 4 Portionen

- 1,2 kg Kalbskoteletts
- 40 g Salz
- 10 g Würzpaste (Rezept siehe Seite 26)
- 1 rote Zwiebel
- 1 Granatapfel
- 40 g Granatapfelsaft, frisch gepresst
- Schaschlikspieße aus Metall

1. Silberhaut von den Kalbskoteletts entfernen. Koteletts den Knochen entlang in Stücke schneiden.
2. Mit Salz und Würzpaste würzen und auf die Schaschlikspieße spießen.
3. Auf dem Grill über direkter starker Hitze (ca. 180–200 °C) grillen. Spieße gelegentlich wenden, damit das Fleisch gleichmäßig gebraten wird.
4. Fertigen Schaschlik mit dünn geschnittenen roten Zwiebeln und Granatapfelkernen servieren und mit frisch gepresstem Granatapfelsaft beträufeln.

Tatarischer Lammeintopf

»Schurpa«
(Шурпа)

Zutaten für 4 Portionen

- 1 kg Lammfleisch aus der Keule
- 5 Kartoffeln
- 2 Zwiebeln
- 2 Karotten
- 2 Paprika
- 2 Tomaten
- 3 Knoblauchzehen
- Petersilie

1. Lammfleisch in große Stücke schneiden. In einen Topf geben und mit kaltem Wasser aufgießen, sodass das Wasser ca. 3 cm über dem Fleisch steht, und aufkochen.
2. Nach dem Aufkochen vorsichtig den Schaum entfernen. Ganze Zwiebeln hinzufügen, salzen und ca. 40 Minuten kochen.
3. Kartoffeln und Gemüse in große Stücke schneiden, zum Fleisch geben und weitere 30 Minuten kochen.
4. Knoblauch fein reiben und in die Schurpa geben.
5. Mit gehackter Petersilie servieren.

Die vielfältige Küche der Krim-Tataren ist, genauso wie die gastfreundlichen Krim-Tataren selbst, die seit vielen Jahrhunderten die Halbinsel Krim bewohnen, ein wertvoller geschichtlicher Bestandteil der Ukraine. Zu den schmackhaften Gerichten zählen nicht nur dieser Lammeintopf, sondern auch Blätterteigecken mit Rindfleischfüllung (Rezept siehe Seite 56) oder würziger Fleischkuchen (Rezept siehe Seite 59).

Blätterteigecken mit Rindfleischfüllung

»Samsa«
(Самса)

Zutaten für 4 Portionen

- 500 g Rinderhackfleisch
- 500 g Zwiebeln
- Salz
- Pfeffer
- Kreuzkümmel
- 2 Platten Blätterteig
- 50 g zerlassene Butter
- Sesam, geschält

1. Backofen auf 180 °C Umluft vorheizen.
2. Zwiebeln fein schneiden, zum Hackfleisch geben und vermischen. Dabei mit Salz, Pfeffer und Kreuzkümmel würzen.
3. Aus dem Blätterteig mittelgroße Kreise schneiden. Füllung in der Mitte platzieren und die Seiten so zur Mitte hin zuklappen, dass ein Dreieck entsteht. Teigränder mit den Fingern festdrücken.
4. Dreiecke mit zerlassener Butter bepinseln und mit Sesam bestreuen.
5. Samsa im vorgeheizten Ofen ca. 30 Minuten backen und anschließend warm servieren.

Fleischkuchen

»Belisch«
(Беліш)

Zutaten für 4 Portionen

Für den Teig:

- 500 g Mehl
- 1 TL Salz
- 5 EL Öl
- 200 ml Wasser
- 30 g zerlassene Butter (zum Bestreichen des Teigs)

Für die Füllung:

- 500 g Rindfleisch
- 500 g Kartoffeln
- 500 g Zwiebeln
- Salz
- Pfeffer
- 1 TL Kreuzkümmel
- 200 ml Fleischbrühe oder Wasser
- 70 g zerlassene Butter (davon 30 g zum Bestreichen des Teigs)

1. Mehl mit Salz in eine Schüssel geben. Wasser und Öl langsam hinzufügen und zu einem Teig anrühren. So lange kneten, bis sich der Teig von den Händen löst, dann ca. 20 Minuten ruhen lassen.
2. In dieser Zeit die Füllung vorbereiten. Hierfür Rindfleisch und Kartoffeln in grobe Würfel schneiden, Zwiebeln etwas feiner. Zusammen mit Salz, Pfeffer und Kreuzkümmel vermischen.
3. Den Teig ca. 3 mm dick ausrollen und in einer Backform (Ø 24 cm) auslegen. Dabei soll er so weit über die Backformkante reichen, dass damit später der Kuchen verschlossen werden kann.
4. Die Füllung gleichmäßig auf dem Teig verteilen und mit Fleischbrühe und zerlassener Butter aufgießen.
5. Den Kuchen oben mit den Teigrändern zukleben und mit zerlassener Butter bestreichen. Im vorgeheizten Backofen bei 150 °C Umluft ca. 2 Stunden backen.
6. Den fertigen Belisch vorsichtig in Stücke schneiden und warm servieren.

Geschmortes Weißkraut mit geräucherten Spareribs

»Tuschkowana kapusta z koptschenymy swyniatschymy reberziami«
(Тушкована капуста з копченими свинячими реберцями)

Zutaten für 4 Portionen

- 500 g Weißkraut
- 200 g Karotten
- 1 Zwiebel
- 150 g Champignons
- Sonnenblumenöl
- 1 EL Tomatenmark
- 250 g Spareribs, geräuchert
- Salz
- Pfeffer

1. Weißkraut in feine Streifen schneiden. Karotten schälen und grob reiben. Zwiebeln in Streifen oder Würfel, Champignons in Scheiben schneiden.
2. Das Gemüse in einem Topf mit etwas Sonnenblumenöl anbraten. Tomatenmark hinzufügen und mit anschwitzen.
3. Geräucherte Spareribs dazugeben, mit 200 ml Wasser ablöschen und mit Salz und Pfeffer würzen.
4. Das Gericht ca. 20 Minuten lang bei geschlossenem Deckel schmoren. Noch einmal abschmecken und servieren.

Kartoffelküchle mit Kraut-Pilz-Füllung

»Kartopliani zrazy z kapustoju ta petscheryziamy«
(Картопляні зрази з тушкованою капустою та печерицями)

Zutaten für 4 Portionen

- 200 g Weißkraut
- 1 Zwiebel
- 4 Champignons
- 3 EL Sonnenblumenöl
- 4 gekochte Pellkartoffeln
- 4 Eier (davon 2 Eier für die Panade)
- 50 g Mehl
- Salz
- Pfeffer
- Muskat

1. Gemüse säubern. Weißkraut in dünne Streifen, Zwiebel in Würfel, Champignons in Scheiben schneiden.
2. In einer tiefen Pfanne 1 EL Sonnenblumenöl erhitzen. Weißkraut mit Zwiebeln und Champignons in der Pfanne anschwitzen. Den Inhalt mit einer Tasse Wasser ablöschen. Bei geschlossenem Deckel das Gemüse schmoren.
3. In dieser Zeit Kartoffeln pellen und grob reiben. 2 Eier, Mehl, Salz, Pfeffer und Muskat hinzufügen. Etwa 2 Minuten lang zu einem Teig verkneten und 4 Küchle daraus formen.
4. Mit dem Daumen in die Mitte der Küchle je eine Mulde eindrücken und Mulden mit der fertigen Kraut-Pilz-Masse füllen. Mulden verschließen.
5. Küchle mit Ei und Semmelbröseln panieren.
6. In einer Pfanne das restliche Öl erhitzen und die Kartoffelküchle darin braten.

Rind-Hirse-Eintopf nach Kozaken-Art

»Kulisch«
(Куліш)

Zutaten für 8 Portionen

- 1 kg Rindfleisch (Hüfte oder Brust)
- Salz
- 1 Sellerie
- Petersilie und Dill
- 250 g Speck
- 1 EL Sonnenblumenöl
- 1 kg Hirse
- 1 Bund Lauchzwiebeln
- frische Kräuter

1. Fleisch in 2 cm große Würfel schneiden.
2. In einem Topf 1,5 l Wasser mit einer Prise Salz zum Kochen bringen. Das Fleisch ins Wasser legen. Der Topfinhalt soll nur knapp mit Wasser bedeckt sein.
3. Das Fleisch ca. 2 Stunden ohne Deckel weich kochen und evtl. Wasser nachgießen. Nach ca. 2 Stunden ist das Wasser verdampft, und das gekochte Fleisch fängt langsam an zu braten.
4. Sellerie waschen, schälen und in 3 mm dicke Würfel schneiden. Lauchzwiebeln und Kräuter fein schneiden. Speck in kleine Würfel schneiden.
5. Speck zum Fleisch in den Topf geben, das Öl darübergeben und mitanbraten. Selleriewürfel dazugeben. Hirse in den Topf hinzufügen, den Inhalt nicht umrühren. Mit 2 l Wasser aufgießen, salzen und Hirse 20–30 Minuten weich kochen.
6. Zum Schluss Lauchzwiebeln und frische Kräuter dazugeben, umrühren, abschmecken und mit frischem Salat oder Salzgurken servieren.

Tipp:
Am besten gelingt der Kulisch am offenen Feuer in einem Topf aus Gusseisen.

Lammpilav

»Plow«
(Плов)

Zutaten für 4 Portionen

- 500 g Lammfleisch (aus der Keule)
- 500 g Zwiebeln
- 500 g Karotten
- 500 g Pilavreis
- 100 g Lammfett zum Braten oder 100 ml Pflanzenöl
- 2 TL Berberitze (auch als Sauerdorn bekannt)
- ½ TL Kreuzkümmel
- ½ TL Paprikapulver
- ½ TL schwarzer Pfeffer
- ½ TL Chili, gemahlen
- 1 ½ TL Salz
- 1 Knoblauchknolle
- 1 Msp. Safran

Tipp: Plow gelingt am besten in einem gusseisernen Topf oder Wok.

1. Fleisch in 1–2 cm dicke Würfel schneiden.
2. Zwiebeln schälen und in kleine Würfel schneiden. Karotten schälen und in Stifte schneiden.
3. Reis unter warmem Wasser ein- bis zweimal abspülen und im warmen Wasser einweichen – der Reis ist dabei nur knapp mit Wasser bedeckt.
4. Einen Topf (oder Wok) gut vorheizen. Fett in den Topf geben und zergehen lassen. Fleisch dazugeben und scharf anbraten. Zwiebeln hinzufügen und goldbraun braten. Karotten dazugeben und mitanbraten. Von den Zwiebeln und Karotten bekommt der Reis seine schöne goldbraune Farbe. Berberitze und Gewürze zugeben.
5. Vom eingeweichten Reis das Wasser abgießen und den Reis in den Topf geben. Knoblauchknolle auf dem Reis in der Mitte des Topfes platzieren und mitkochen. Nicht umrühren: Der Reis ist auf dem Fleisch und brennt somit nicht an.
6. Den Inhalt des Topfes mit Wasser aufgießen, sodass das Wasser ca. 3 cm über dem Reis steht. Mithilfe eines Messers einige Löcher in den Reis stechen: Die Flüssigkeit von unten kommt dann an die Oberfläche, und der Plow wird dadurch körnig und saftig.
7. Plow bei mittlerer Hitze ca. 25–30 Minuten ohne Deckel kochen. Wenn das Wasser fast vollständig verdampft ist, abdecken und weitere 10–15 Minuten ziehen lassen.
8. In dieser Zeit kann der klassische Salat aus dünn geschnittenen Tomaten, weißen Zwiebeln, Salz, sowie etwas Essig und Öl als Beilage zubereitet werden.
9. Plow mit Tomaten-Zwiebel-Salat servieren.

Hähnchenschnitzel nach Kyiver Art

»Kotleta po kyivsky« (Котлета по київськи)

Zutaten für 4 Portionen

Für die Filets:

- 4 Hähnchenbrustfilets
- Salz
- 1 EL Frischkäse
- Sonnenblumenöl
- 1 TL Butter
- ½ Zitrone

Für die Panade:

- Mehl
- 1 Ei
- Rotes Curry (Pulver) oder Sambal Oelek
- Paniermehl

1. Backofen auf 160 °C Umluft vorheizen.
2. Hähnchenbrustfilets mit dem Messer längs halbieren. Fleisch dünn klopfen und salzen. Auf die Mitte der Filets jeweils ½ TL Frischkäse geben und die Filets einrollen.
3. Für die Panade kommt jede Zutat in eine separate Schüssel oder auf einen nicht zu kleinen Teller. Das Ei wird mit einer Gabel verquirlt, sodass sich Eiweiß und Eigelb vermischen. Das Ei mit rotem Curry oder Sambal Oelek würzen. Die erste Panadenschicht besteht aus Mehl, ihr folgt das Ei. Filets mehrmals in der Eimischung wenden.
4. Auf dem letzten Teller mit dem Paniermehl werden die Filets wieder von allen Seiten gründlich gedreht. Damit die Brösel noch besser haften und der Frischkäse nicht herausfließt, kann ruhig mit der Hand ein bisschen aufgedrückt werden.
5. In einer Pfanne Sonnenblumenöl erhitzen und die Schnitzel von beiden Seiten goldbraun anbraten. Butter in die Pfanne zugeben und weitere 2 Minuten braten. Schnitzel auf ein Blech legen und im Ofen nochmals 10–12 Minuten garen.

6. Die Zitrone in Scheiben schneiden und optional auf die Schnitzel legen.
7. Die Schnitzel nach Wunsch mit Kartoffel- oder Süßkartoffelstampf, sowie Spargel und Erbsen servieren.

Tipp:

Eine weitere beliebte Beilage zu Hähnchenschnitzel nach Kyiver Art sind Bratkartoffeln mit Blattsalat: Für die Bratkartoffeln Pellkartoffeln kochen, abkühlen lassen, vierteln und in einer vorgeheizten Pfanne mit etwas Pflanzenöl braten. Den Salat waschen sowie mit Essig, Sonnenblumenöl und Salz anmachen.

Um die Entstehung dieses Gerichts ranken sich mehrere Legenden. Französische Köche behaupten, dass das Gericht aus der französischen Küche kommt und man ursprünglich das Hähnchenfleisch samt Butter geklopft hat. Amerikanische Köche behaupten dagegen, dass es ihre Erfindung ist. Eine weitere Legende besagt, dass dieses Gericht anlässlich der Begrüßung der aus Deutschland zurückkehrenden ukrainischen Delegation kreiert wurde. Unabhängig von diesen historischen Streitigkeiten ist es ein beliebtes Rezept mit einigen Variationen und Ergänzungen in jedem ukrainischen Haushalt.
Ich stelle Ihnen hier mein eigenes Rezept vor: »Мої котлети по Київські«.

Pfannkuchen mit Hackfleischfüllung

»Nalysnyky z miasom«
(Налисники з м'ясом)

Zutaten für 4 Portionen

Für die Pfannkuchen:

- 1 Tasse Mehl (200 ml -Tasse)
- 1 Msp. Salz
- 1½ Tassen Milch (200 ml -Tasse)
- 2 Eier
- 40 ml Mineralwasser
- ½ TL Öl
- Öl zum Braten

Für die Füllung:

- 1 Zwiebel
- 1 Paprika
- 1 EL Sonnenblumenöl
- 600 g Hackfleisch gemischt (Rind und Schwein)
- Salz
- 60 g Butter
- Sauerrahm zum Servieren

1. Mehl und Salz in eine Schüssel geben. Unter ständigem Rühren mithilfe eines Schneebesens langsam Milch hinzufügen.
2. Eier, Mineralwasser und Öl dazugeben und gut umrühren. Den fertigen Teig in einer vorgeheizten Pfanne portionsweise zu dünnen Pfannkuchen ausbacken.
3. Für die Füllung Zwiebeln in feine Würfel und Paprika in Streifen schneiden. In einer Pfanne 1 EL Öl erhitzen und Hackfleisch ca. 10 Minuten lang darin anbraten. Einige Male umrühren. Zwiebelwürfel und Paprikastreifen zum Fleisch hinzufügen und mitbraten, salzen.
4. Die fertige, noch warme Füllung in die Mitte der Pfannkuchen verteilen (ca. 1–1½ EL Füllung pro Pfannkuchen). Pfannkuchen zuerst rechts und links hochklappen. Danach die beiden übrigen Enden wie ein Kuvert zusammenfalten.
5. In einer Pfanne Butter zergehen lassen. Nalysnyky mit der Faltung nach unten in die Pfanne legen und noch einmal leicht anbraten.
6. Mit etwas Sauerrahm servieren und nach Wunsch mit Petersilie bestreuen.

Tipp:

Ist der Teig doch zu dickflüssig, verdünnt man ihn mit etwas Mineralwasser. Sollten sich im Teig Klümpchen bilden, püriert man den Teig mit einem Pürierstab. Um Klumpenbildung zu vermeiden, gibt man immer die Flüssigkeit zum Mehl und nicht umgekehrt.

Rinderrouladen mit Backpflaumen und Speck

»Krutschenyky z tschernoslyvom i salom« (Крученики з чорносливом і салом)

Zutaten für 4 Portionen

- 4 Scheiben Rindfleisch à 200 g aus der Oberschale für Rouladen
- 4 Scheiben Speck
- 8 Backpflaumen
- 2 EL Sonnenblumenöl
- 100 ml Wasser
- 200 g Schmand
- Salz
- Pfeffer

1. Fleisch dünn klopfen, salzen und auf jedes Stück jeweils eine Scheibe Speck legen. Je zwei Backpflaumen auf dem Speck verteilen.
2. Rinderrouladen einrollen. Mit Zahnstochern (oder kleinen Holzspießen) fixieren.
3. Rouladen in einer vorgeheizten Pfanne mit Sonnenblumenöl scharf anbraten. Mit 100 ml Wasser ablöschen und das Fleisch 45–60 Minuten weich kochen (je nach Fleischqualität).
4. Schmand hinzufügen und die Rinderrouladen in der Soße weitere 20–30 Minuten schmoren.
5. Soße mit Salz und Pfeffer abschmecken und servieren.

Tipp: Am besten passen zu diesem Gericht Kartoffeln in allen möglichen Variationen – gebraten, gekocht oder als Püree.

Borschtsch-Burger

»Borsch-Burger«
(Борщ – бургер)

Zutaten für 4 Portionen

- 1 kg Schweinenacken
- Salz
- Pfeffer
- 3 Knoblauchzehen
- 200 ml Rote-Bete-Saft
- 1 Pck. Hefe
- kaltgepresstes Sonnenblumenöl
- ¼ Kopf Eisbergsalat
- 400 g Mehl
- 50 g Schmand
- 50 g Mayonnaise
- 1 Bund gehackter Dill
- 1 rote Zwiebel
- Zucker

1. Backofen auf 160 °C Umluft vorheizen.
2. Schweinenacken mit Salz und Pfeffer würzen, mit 2 Knoblauchzehen spicken. 3 Stunden im Ofen braten.
3. Rote-Bete-Saft ganz leicht erwärmen (ca. auf 30 °C). Hefe im Saft auflösen. 1 TL Salz und 1 EL Sonnenblumenöl hinzufügen. Mehl langsam einrühren und einen Hefeteig herstellen. Den Teig an einem warmen Ort ca. 1 Stunde gehen lassen.
4. Arbeitsfläche bemehlen und den aufgegangenen Teig so lange kneten, bis er nicht mehr an der Arbeitsfläche kleben bleibt. Teig in 4 Stücke teilen und die Stücke mit der Hand zu Kugeln rollen. Teigkugeln von oben und unten leicht andrücken und Burgerbuns formen.
5. Ofentemperatur auf 180 °C erhöhen und Buns im vorgeheizten Ofen 15–20 Minuten backen. Mit der Hand klopfen, die Buns müssen hohl klingen.
6. Eisbergsalat klein schneiden, gehackten Dill, Mayonnaise und Schmand hinzufügen, mit Salz und Pfeffer abschmecken.
7. Burgerbuns längs durchschneiden, die Anschnittseite anrösten und mit Knoblauch einreiben. Rote Zwiebeln in Ringe schneiden.
8. Schweinebraten zerzupfen.
9. Burger zusammenstellen und servieren.

Halbinsel Krim

Getränke, Schnaps und Liköre

Снежный кальвиль
Топинамбур
Корень хрена

Estragonlimonade

»Tarchun«
(Тархун)

Zutaten für 4 Portionen

- 100 g Estragon
- 300 g Zitronen
- 300 ml Leitungswasser
- 300 g Zucker
- 3 l gekühltes Mineralwasser mit Kohlensäure

1. Estragon und Zitronen waschen und trocknen. Estragonblätter vom Stiel abmachen, Zitronen auspressen.
2. Leitungswasser mit Zucker zum Kochen bringen. Estragonblätter hinzufügen, den Herd ausschalten und den Sirup bei geschlossenem Deckel ca. 1 Stunde ziehen lassen.
3. Zitronensaft zum Sirup geben und mit Pürierstab Estragonblätter pürieren. Somit bekommt die Limonade eine frische grüne Farbe.
4. Sirup mit kaltem Mineralwasser aufgießen. In Gläsern servieren.

Die georgische Küche ist in der Ukraine sehr beliebt. Die schönsten kulinarischen Erinnerungen meiner Kindheit verbinde ich unter anderem mit ihr. Der schmackhafte Bohnensalat, der saftige Schaschlik oder die erfrischende Estragonlimonade sind ein fester Bestandteil der ukrainischen Küche. Georgische Spezialitäten kocht man sehr gerne zu den unterschiedlichsten Anlässen im Alltag oder bei einer Feierlichkeit.
Estragon ist eine wichtige Zutat, mit der sowohl Salate als auch eine Erfrischungslimonade zubereitet werden.

Moosbeerenlikör

»Guravlynivka«
(Журавлинівка)

Zutaten für 4 Portionen bzw. 1,2 Liter:

- 1 Zitrone
- 300 g TK-Moosbeeren (Cranberrys)
- 1 l klarer Alkohol (z. B. Korn oder Wodka)
- 2 EL Honig

1. Zitrone auspressen.
2. Alle Zutaten in eine Schüssel geben und pürieren.
3. Durchsieben, in eine Flasche abfüllen und kühlen.
4. Kalt servieren.

Meerrettichschnaps

»Chrinovucha«
(Хріновуха)

Zutaten für 4 Portionen

500ml Wodka

75 g Meerrettichwurzel

1 Bio-Zitrone

2 EL Honig

1. Meerrettichwurzel waschen, schälen und in dünne Scheiben schneiden. Zitrone waschen und in etwas größere Stücke schneiden.
2. Zitrone, Meerrettichwurzel und Honig Schicht für Schicht in ein sauberes Einmachglas geben. Mit Wodka aufgießen. 3 Tage ziehen lassen.
3. Danach durch ein feines Sieb geben und in eine Flasche mit Schraubverschluss füllen.

Tipp:
Ich empfehle den Meerrettichschnaps für kalte Jahreszeiten.

Ukrainisches Erfrischungsgetränk

»Uzvar«
(Узвар)

Zutaten für 4 Portionen bzw. 2 Liter:

- 100 g Pflaumen
- 200 g Äpfel
- 1 kg halbierte Birnen
- 50 g Rosinen
- 2 l Wasser
- 1 Zimtstange
- 1 Nelke
- 50 g Honig
- Saft und Schale von 1 Bio-Zitrone

1. Obst entkernen und in Würfel schneiden. Früchte mit Zimt und Nelken im Wasser aufkochen lassen und ca. 20 Minuten ziehen lassen.
2. Honig, Zitronensaft und die Zitronenschale zugeben.
3. Für mindestens 2 Stunden kalt stellen und kalt servieren.

Halbinsel Krim

Süßes, Gebäck und Torten

Quarkküchle

»Syrnyky«
(Сирники)

Zutaten für 4 Portionen

- 600 g Quark
- 4 Eier
- 2 EL Zucker
- 1 Msp. Salz
- 1 Pck. Vanillezucker
- 10 EL Mehl (5 EL für den Teig, 5 EL zum Ausrollen)
- 100 g Pflanzenöl
- Sauerrahm

1. Quark mit Eigelb, Zucker, Salz, Vanillezucker und 5 EL Mehl mithilfe eines Handrührgeräts aufschlagen.
2. Die Tischplatte oder ein Brett mit Mehl bestreuen. Aus dem Quarkteig eine dicke Rolle formen und mit einem Messer ca. 1,5 cm dicke Küchle abschneiden.
3. In einer Pfanne Öl erhitzen und die Küchle goldbraun braten.
4. Syrnyky zuerst auf Küchenkrepp legen, danach mit Sauerrahm servieren.

Tipp:
Zu Syrnyky passen auch sehr gut Schokolade, frische Früchte, Konfitüre oder Fruchtsoße.

Quark ist ein wichtiger Bestandteil der ukrainischen Küche und kommt in verschiedenen Variationen vor: salzig, süß, mit Schmand, mit Honig, als Füllung. Quarkküchle »Syrnyky« werden in jeder ukrainischen Familie zubereitet. Jede Hausfrau hat ihr eigenes Rezept. Und jede/r Ukrainer/in hat Erinnerungen an die »Syrnyky« von der Mama.

Maultaschen mit Kirschen

»Warenyky z vyschney«
(Вареники з вишней)

Zutaten für 4 Portionen

Für den Teig:

- 800 g Mehl, Type 405
- 130 ml kaltes Wasser
- 130 ml kalte Milch
- 30 g Zucker
- 15 g Salz
- 1 Ei
- 30 g Öl

Für die Füllung:

- 1,5 kg Kirschen, entsteint

Für die Soße:

- 60 g Butter
- 2 EL Zucker
- Sauerrahm zum Servieren

1. Alle Zutaten für den Teig verkneten. Teig in Frischhaltefolie einwickeln und ca. 30–40 Minuten bei Zimmertemperatur ruhen lassen.
2. Danach den Teig ganz dünn ausrollen und mit einer Tasse Kreise ausstechen. Die Teigkreise mit Kirschen füllen und Halbmonde daraus formen.
3. Wasser mit einer kleinen Prise Salz zum Kochen bringen und Warenyky darin langsam ziehen lassen, bis sie an die Oberfläche steigen.
4. In der Zwischenzeit die Soße vorbereiten. Butter in einer Pfanne langsam schmelzen lassen und Zucker dazu geben.
5. Warenyky abgießen und in der Pfanne in der Soße schwenken. Mit Sauerrahm servieren.

Warenyky spielen eine wichtige Rolle in der ukrainischen Küche. Aus leckeren Maultaschen wird sogar versucht wahrzusagen: Verschiedene unerwartete Beigaben zu den Füllungen (Ring als Symbol für Heirat, Münzen als Symbol für Reichtum etc.) sind beliebt in der Weihnachtszeit, um die Zukunft vorherzusagen.

Quark-Grieß-Kuchen

»Zapikanka«
(Запіканка)

Zutaten für 8 Portionen

- 1 kg Quark
- 3 EL Grieß
- 6 Eier
- Zucker
- Mark einer Vanilleschote
- Butter und Semmelbrösel für die Form
- Himbeeren, Blaubeeren oder Brombeeren zum Bestreuen

1. Backofen auf 180 °C Umluft vorheizen.
2. Alle Zutaten in einer Schüssel mit einem Mixer aufschlagen.
3. Eine Springform (Ø 24 cm) oder eine Auflaufform mit Butter einfetten und mit Semmelbröseln bestreuen. Den Teig einfüllen und mit Beeren bestreuen.
4. Im Ofen ca. 30 Minuten backen.

Quarknockerl

»Linyvi Warenyky«
(Ліниві вареники)

Zutaten für 4 Portionen

Für den Teig:

- 500 g Quark
- 3 Eier
- 100 g Zucker
- 1 Msp. Salz
- 300 g Mehl

Für die Glasur:

- 120 g Butter
- 100 g Zucker
- 1 Pck. Vanillezucker
- Zitronenzesten (hauchdünne Streifen aus der äußersten Schicht einer unbehandelten Zitrone)
- Sauerrahm, Marmelade (optional)

1. Quark mit Eiern, 100 g Zucker, Salz und 150 g Mehl zu einem Teig rühren. Teig zu einer 2 cm dicken Rolle formen.
2. Das restliche Mehl auf dem Tisch verstreuen. Teigrolle darauf in 1–1,5 cm dicke Gnocchi schneiden.
3. Glasur vorbereiten. Dafür Butter schmelzen lassen, Zucker, Vanillezucker und Zitronenzesten hinzufügen und auf niedriger Stufe 3–5 Minuten ziehen lassen.
4. Gnocchi in leicht gesalzenem siedendem Wasser solange kochen, bis sie an der Oberfläche schwimmen. Danach zur Glasur geben und noch weitere 2–3 Minuten unter ständigem Rühren ziehen lassen.
5. Linyvi Warenyky nach Wunsch mit Sauerrahm oder Marmelade servieren.

Wörtlich übersetzt lautet der Name dieses Gerichts »Faule Warenyky«. Es handelt sich hier um Maultaschen aus Teig und Füllung in einem, die man nicht formen muss. Das Gericht kommt aus der russischen Küche und ist bei Klein und Groß sehr beliebt als Frühstücksgericht oder für zwischendurch.

Kürbis-Milchreis

»Garbuzova kascha«
(Гарбузова каша)

Zutaten für 4 Portionen

500 g Kürbis
50 g Butter
100 g Milchreis
100 ml Milch
100 g Honig
1 EL Zucker

1. Backofen auf 160 °C Umluft vorheizen.
2. Kürbis waschen, schneiden und entkernen. Butter in einem Topf bei kleiner Hitze zerlassen.
3. Geschnittenen Kürbis auf ein Backblech legen und zerlassene Butter darüber gießen. Im Ofen ca. 30 Minuten lang backen.
4. In der Zwischenzeit Milchreis mit 200 ml Wasser und 100 ml Milch kochen.
5. Gebackenen Kürbis und Honig zum Milchreis geben. Den Kürbis im Topf mit dem Milchreis zerdrücken und weitere 10 Minuten bei geringer Hitze köcheln.
6. Garbuzova kascha mit Honig servieren.

Napoleon-Torte

»Tort Napoleon«
(Торт наполеон)

Zutaten für 8 Portionen

- 6 Eier
- 400 g Zucker
- Mark einer Vanilleschote
- 4 EL Mehl
- 2 l Milch
- 6 Platten Blätterteig
- 50 g gehackte Mandeln

1. Backofen auf 190 °C Umluft vorheizen.
2. Eier, Zucker, Vanille und Mehl 2–3 Minuten mit dem Handrührgerät verrühren. Kalte Milch zugeben und weitere 2–3 Minuten aufschlagen.
3. Die Masse unter ständigem Rühren bei mittlerer Hitze zum Kochen bringen. Die fertige Creme beiseite stellen.
4. Blätterteigplatten im Ofen auf einem mit Backpapier belegten Blech nacheinander backen.
5. Für die Torte abwechselnd Blätterteig und Creme aufschichten, dabei mit einer Blätterteigplatte beginnen und mit der Creme enden.
6. Eine Teigplatte für die Garnitur aufheben und diese auf der fertigen Torte mit der Hand zerbröseln.
7. Torte mit gehackten Mandeln bestreuen und mindestens 8 Stunde ziehen lassen.

Apfelkuchen mit hausgemachtem Eierlikör

»Scharlotka z jablukamy«
(Шарлотка з яблуками)

Zutaten für 8 Portionen

Für den Kuchen:

- 4 Äpfel
- 4 Eier
- 200 g Zucker
- 200 g Mehl
- Butter und Semmelbrösel für die Backform

Für den Eierlikör:

- 500 ml kalte Milch
- 250 g Zucker
- 90 g Kondensmilch, gezuckert
- 300 ml Wodka
- 4 Eigelb

1. Backofen auf 160 °C Umluft vorheizen.
2. Äpfel schälen, Kerngehäuse entfernen, in ca. 2–3 cm dicke Würfel schneiden.
3. Mit einem Handrührgerät Eier mit Zucker 2–3 Minuten auf höchster Stufe schaumig schlagen. Mehl dazu geben und weitere 1–2 Minuten aufschlagen.
4. Den Boden einer Springform (Ø 24 cm) oder Auflaufform mit Backpapier auslegen, überschüssiges Papier abschneiden. Die Ränder der Form mit Butter einfetten und mit Semmelbröseln bestreuen. Den Teig in die Backform geben und mit Äpfeln bestreuen. Im Ofen ca. 45 Minuten backen.
5. Für den Eierlikör Eigelb und Zucker in die kalte Milch geben und mithilfe eines Handrührgeräts 2–3 Minuten lang aufschlagen. Die Mischung unter ständigem Rühren bei mittlerer Hitze auf 90–95 °C erhitzen. Gezuckerte Kondensmilch dazugeben.
6. Mischung durch ein Sieb gießen und abkühlen lassen. Den Wodka dazugeben.
7. Apfelkuchen mit Eierlikör servieren.

Teigtaschen mit getrockneten Aprikosen, Mohn und Haselnüssen

»Parovi warenyky z kuragoju, makom ta lisovymy gorichamy« (Парові вареники з курагою, маком та лісовими горіхами)

Zutaten für 4 Portionen

Für den Teig:

- 60 g Quark
- 50 g Zucker
- 1 Ei
- ¼ TL Backpulver
- 100 g Mehl

Für die Füllung:

- 100 g getrocknete Aprikosen
- 100 g Rosinen
- 50 g Mohnzucker
- 50 g gemahlene Haselnüsse

Für die Himbeersoße:

- 300 g TK-Himbeeren
- 50 g Orangensaft
- 90 g Zucker

1. Für die Himbeersoße alle Zutaten in eine Kasserolle geben und zum Kochen bringen. Durch ein feines Sieb passieren und abkühlen lassen.
2. Für den Teig alle Zutaten in eine Schüssel geben und mit einem Mixer (Teigaufsatz/Knethaken) zu einer glatten Mischung verrühren.
3. Für die Füllung Aprikosen und Rosinen klein schneiden. Mohnzucker und Haselnüsse dazugeben.
4. Den Teig 20 Minuten ruhen lassen und danach sehr dünn (ca. 1–2 mm) ausrollen. Mit einer Tasse oder einem Glas Kreise aus dem Teig ausschneiden.
5. Die Füllung in die Mitte der Kreise geben und durch Umklappen zu Halbmonden verschließen. Die Ränder andrücken. Die Teigtaschen dann in einem Dampfgarer oder in einem Wasserbad 4 Minuten dämpfen.
6. Warm mit Himbeersoße servieren.

Honigtorte

»Medowik«
(Медовик)

Zutaten für 8 Portionen

Für den Teig:

- 2 Eier
- 125 g Zucker
- 55 g Sonnenblumenöl oder Rapsöl
- 80 g Honig
- 8 g Backpulver
- 350 g Mehl

Für die Creme:

- 1 kg saure Sahne
- 300 g Puderzucker

1. Eier mit Zucker ca. 4–5 Minuten in einem Wasserbad schaumig aufschlagen (ähnlich wie für Bayerisch Creme). Öl, Honig, Backpulver und Mehl hinzufügen. Den Teig vom Wasserbad nehmen und ca. 10 Minuten ruhen lassen.
2. Backofen auf 170–180 °C Umluft vorheizen.
3. Teig in 8–12 Stücke teilen (ca. 2–3 mm dick) und mit einer Gabel durchstechen.
4. Teigböden auf Backpapier nach und nach ca. 5 Minuten im Ofen backen.
5. Einen runden Teller (ca. Ø 20 cm) auf die Böden legen und die Ränder abschneiden und Stücke zu Kreisen (ca. 2–3 mm dick, ca. Ø 20 cm). Abschnitte aufheben, um später daraus Brösel zum Bestreuen der Torte herzustellen.
6. Für die Creme saure Sahne mit Puderzucker verrühren.
7. Torte schichtweise aufbauen (Boden – Creme – Boden etc.). Mit Creme abschließen und mit den Bröseln bestreuen.

Käsekuchen nach Lviv-Art

»Lvivskiy syrnyk« (Львівський сирник)

Zutaten für 8 Portionen

- 2 gekochte Pellkartoffeln
- 4 Eier
- 100 g Zucker
- 500 g Quark
- 50 g Kirschen (Dose oder Glas)
- Mark einer Vanilleschote
- 50 ml Wasser
- 100 g Butter (davon 50 g für die Glasur)
- 50 g Schokolade
- 2 EL Mehl

1. Backofen auf 160 °C Umluft vorheizen.
2. Pellkartoffeln schälen und fein reiben.
3. Eier trennen. Eigelb und Zucker mithilfe eines Handrührgeräts aufschlagen. Quark und geriebene Kartoffeln hinzufügen und weiter aufschlagen.
4. Kirschen abtropfen lassen und mit Vanillemark zur Teigmasse geben.
5. Eiweiß separat steif schlagen und mit dem Schneebesen vorsichtig unter die Kuchenmasse heben.
6. Eine Backform mit 50 g Butter bestreichen und mit Mehl bestreuen.
7. Die Kuchenmasse in die Backform füllen und im Ofen ca. 45 Minuten backen.
8. Wasser mit 50 g Butter und Schokolade in eine Kasserolle füllen und zum Kochen bringen. Schokoladenglasur über den Kuchen gießen.
9. Den Kuchen abkühlen lassen und servieren. Am besten schmeckt der Käsekuchen nach Lviv-Art lauwarm.

Lviv (Altstadt)

Über den Autor

»Als Kind wusste ich nicht einmal, wo bei uns zu Hause Töpfe und Pfannen stehen, weil meine Großeltern, die mich großgezogen haben, mich immer bekocht und verwöhnt haben. Die Männer in unserer Familie haben aber schon immer gerne und leidenschaftlich gekocht. Im Alter von 17 Jahren kam ich zu meiner Mutter, meiner Schwester und meinem Stiefvater nach Deutschland. Vor der Abreise schenkte mir meine Großmutter Lilia eine dünne Broschüre mit Rezepten der ukrainischen Küche, damit ich im Erwachsenenleben bloß nicht verhungere. Und tatsächlich bedeuteten mir diese Rezepte ein Stück Heimat. Es machte Spaß, sie nachzukochen, weshalb ich auch während meiner Schulzeit anfing, in verschiedenen Küchen zu arbeiten. Und mir wurde schnell klar, dass ich Kochen zu meinem Beruf machen möchte.
Ich führte unsere Familientradition also weiter und trat in die Fußstapfen meines Großvaters Michael und meines Vaters Oleg. Schließlich gab ich mein Kochwissen auch an meine Söhne Niklas und Michael weiter. Und bis heute weiß ich: Die leckersten kulinarischen Erinnerungen kommen von zu Hause.«

Denis Kolesnikov ist gebürtiger Ukrainer. Die Liebe zur ukrainischen Küche begleitet ihn schon sein ganzes Leben lang. Er absolvierte in Deutschland eine Ausbildung zum Koch und arbeitete in renommierten Häusern, Hotels und Großküchen. Der Autor lebt mit seiner Familie in Augsburg.

Zutatenregister

Apfel 20, 90, 110
Apfelessig 46
Aubergine 18

Backpflaumen 74
Bärlauch 24
Berberitze 66
Birne 90
Blätterteig 56, 108
Bohnen 32
Bohnenkraut 32

Champignons 30, 60, 62
Chili 26, 32, 66
Cranberrys 86
Curry 68

Dill 24, 28, 34, 46, 64, 76

Eier 28, 44, 50, 52, 62, 68, 72, 98, 100, 102, 104, 108, 110, 112, 114, 116
Einlegegurken 34
Eisbergsalat 76
Estragon 84

Fleischbrühe 58
Frischkäse 68

Granatapfel 52
Gurke 28, 34

Hackfleisch 44, 56, 72
Hähnchen 68
Hefe 22, 36, 76
Hering 20
Hirse 64
Honig 86, 88

Kalbskotelett 52
Karotte 30, 40, 44, 46, 54, 60, 66
Kartoffel 46, 50, 54, 58, 62, 116
Kefir 44
Kidneybohnen 32
Koriander 18, 26, 32
Korn 87
Kräuter 24, 64
Kreuzkümmel 26, 56, 58, 66

Lamm 54, 66
Lauchzwiebel 28, 64
Lorbeer 32, 46
Lyoner 28

Maispolenta 48
Mayonnaise 76
Meerrettich 88

Milch 20, 72, 100, 108, 109, 110
Milchreis 106
Moosbeeren 86
Muskat 62

Nelke 90

Paniermehl 68
Paprika 18, 24, 46, 54, 66, 72
Pellkartoffeln 116
Petersilie 18, 32, 46, 54, 64
Pflaumen 74, 90
Pilavreis 66
Pilze 30, 50
Polenta 48

Quark 98

Reis 66, 106,
Rind 44, 46, 56, 58, 64, 72, 74
Rosinen 90, 112
Rote Bete 28, 46
Rote-Bete-Saft 76

Safran 66
Sahne 30, 114
Sambal Oelek 68
Sauerdorn 66
Sauerrahm 44, 72, 98, 100, 104
Schafskäse 48
Schmand 28, 46, 48, 74, 76
Schnittlauch 24, 46
Schokolade 116
Schwarzbrot 24
Schwein 44, 60, 72, 76
Sellerie 44, 64
Senf 28
Sesam 56
Spareribs 60
Speck 24, 46, 48, 50, 64, 74
Staudensellerie 44
Steinpilze 30

Toast 20
Tomate 18, 46, 54
Tomatenmark 60

Vanille 98, 102, 104, 108
Vollkornmehl 22

Waldpilze 50
Weißkraut 46, 60, 62
Wodka 86, 88
Wurst 28, 36
Würzpaste 26, 52

Zimt 90
Zitrone 18, 20, 28, 68, 84, 86, 88, 90, 104

Bild- und Rezeptnachweis

Bilder:

S. 6–7, S. 82–83, S. 126–127: Lera Polska

S. 12–13: Creative Travel Projects/Shutterstock.com

S. 23, S.35, S. 71 (oben), S. 103, S. 104, S. 107: Denis Kolesnikov

S. 16–17, S. 31, S. 42–43, S. 61 (unten), S. 63, S. 107 (unten), S. 117: Alisa Hagenbruch

S. 19, S. 21 (oben), S. 25, S. 29, S. 33, S. 37, S. 45, S. 47, S. 49, S. 51, S. 55, S. 57, S. 59, S. 61 (oben), S. 65, S. 67, S. 73, S. 75, S. 77, S. 87, S. 89, S. 91, S. 101 (oben), S. 105, S. 107 (oben), S. 109, S. 111, S. 113, S. 115: Manuel Krug

S. 21 (unten), S. 96–97, S. 99, S. 101: Anna Sergienko

S. 27: Maria Kovaleva/Shutterstock.com

S. 38–39: Ingus Kruklitis/Shutterstock.com

S. 53, S. 84: George Khuchua

S. 69: sweet marshmallow/Shutterstock.com

S. 71 (unten): alena gudz/Shutterstock.com

S. 78–79, S. 92–93: Oleksandr Udra

S. 118–119: Boris Stroujka/Shutterstock.com

S. 120: Aleksandra Shishlakova

Rezepte:

S. 18, S. 28, S. 44, S. 46, S. 48, S. 50: Volodymyr Yaroslavskiy

S. 20, S. 98, S. 100, S. 104: Anna Sergienko

S. 22, S. 24, S. 26, S. 34, S. 36, S. 68, S. 72, S. 74, S. 76, S. 87, S. 88, S. 90, S. 102, S. 108, S. 110, S. 112: Denis Kolesnikov

S. 30, S. 60, S. 62, S. 106, S. 116: Alisa Hagenbruch

S. 32, S. 52, S. 86: George Khuchu

S. 54, S. 56, S. 58: Evgeniya Shakirova

S. 64, S. 66: Sergiy Reznik

S. 114: Lena Haupt

ВОЛОДИМИРСЬКИЙ
РИНОК
ОВОЧІ
DIVA
BANANAS

Bibliografische Information der Deutschen Nationalbibliothek
Die Deutsche Nationalbibliothek verzeichnet diese Publikation in der Deutschen Nationalbibliografie. Detaillierte bibliografische Daten sind im Internet über http://dnb.d-nb.de abrufbar.

Für Fragen und Anregungen
info@rivaverlag.de

Wichtiger Hinweis
Ausschließlich zum Zweck der besseren Lesbarkeit wurde auf eine genderspezifische Schreibweise sowie eine Mehrfachbezeichnung verzichtet. Alle personenbezogenen Bezeichnungen sind somit geschlechtsneutral zu verstehen.

Originalausgabe
1. Auflage 2022

Türkenstraße 89
80799 München
Tel.: 089 651285-0
Fax: 089 652096

Redaktion: Stephanie Kaiser-Dauer
Umschlaggestaltung und Layout: Isabella Dorsch
Umschlagabbildungen: Manuel Krug
Illustrationen: N-Angel/Shutterstock.com
Satz: Andreas Linnemann
Druck: Firmengruppe APPL, aprinta Druck, Wemding
Printed in Germany

ISBN Print 978-3-7423-2253-1
ISBN E-Book (PDF) 978-3-7453-2038-1
ISBN E-Book (EPUB, Mobi) 978-3-7453-2039-8

Wir produzieren nachhaltig
www.m-vg.de

Weitere Informationen zum Verlag finden Sie unter
www.rivaverlag.de
Beachten Sie auch unsere weiteren Verlage unter www.m-vg.de